La Valiente Nellie

Escrita por
SHARALYN MORRISON-ANDREWS

con ilustraciones de
LUCAS RICHARDS

traducido de la versión original en inglés por
Carolina Zúñiga

ISBN: 978-0-9962889-3-4
Número de control de la Biblioteca del Congreso de Estados Unidos: 2015906550

Copyright © 2015 Sharalyn Morrison-Andrews

Reservados todos los derechos. Ninguna parte de este libro podrá reproducirse o transmitirse en formato o medio alguno, electrónico o mecánico, tal como fotocopiado, grabación o mediante ningún sistema de almacenamiento y acceso a información, sin la autorización previa y por escrito de la titular de los derechos de autor. Este libro se imprimió en los Estados Unidos de América.

Publicado por Sharalyn Morrison-Andrews
Mayo de 2015

Este libro está dedicado a:

David, mi maravilloso y comprensivo esposo,

todas las personas y animales especiales
que han marcado mi vida,

y a quienes hicieron esta historia posible:
Louise, Toril, Sherry, Matt, Megan, Petey,
Kingston,

y por supuesto,
Nellie.

La Valiente Nellie

Había una vez tres perros que vivían en la playa de una hermosa isla.

Se llamaban Buddy, Nellie y Poco.

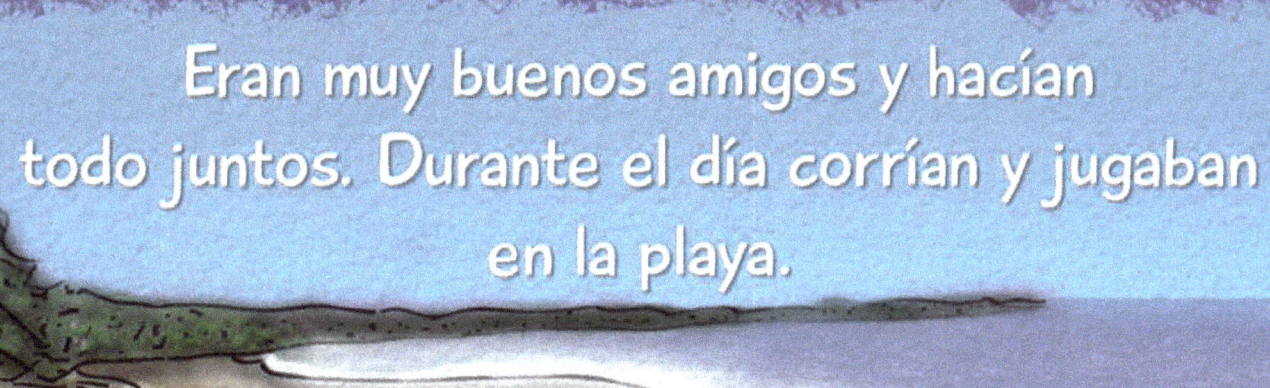

Eran muy buenos amigos y hacían todo juntos. Durante el día corrían y jugaban en la playa.

De noche se acurrucaban bajo una palma para dormir.

Un día, una pareja llamada Emily y Bryce llegó a vivir a la isla.

A ellos les encantaban los perros y pronto se hicieron amigos de Nellie, Buddy y Poco.

Mientras Bryce se iba al trabajo, Emily jugaba con los tres perros o se sentaba tranquilamente con ellos en la playa. Les daba agua y comida y les ayudaba cuando se enfermaban o se lastimaban.

Pasaron dos años y Emily y Bryce tenían que mudarse a un nuevo hogar. Estaban tristes porque debían dejar atrás a sus amigos.

Después de pensarlo mucho, Nellie les preguntó si podía ir con ellos y vivir en un hogar el resto de su vida.

Desafortunadamente, Emily y Bryce no podían quedarse con ella.

Sin embargo, le prometieron encontrar una familia que pudiera ofrecerle un hogar definitivo.

Mientras encontraban a esa familia, Emily y Bryce invitaron a Nellie a vivir con ellos.

Nellie jamás había vivido dentro de una casa y había muchas cosas nuevas para aprender y probar.

Era una perrita muy valiente e intentaba hacer todo lo que Emily y Bryce le enseñaban.

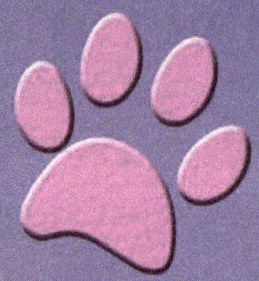

Cada día traía muchas cosas nuevas qué aprender. Con cada cosa nueva, Nellie se decía:

"¿Qué hago? ¿Qué hago? ¡Todo es nuevo y tan raro! Pero cada día tengo que intentar ser valiente. ¡Y las cosas van a resultar!"

Nellie se hacía más valiente cada vez que aprendía algo nuevo. Empezó a pensar que estaba en una gran aventura y se sentía muy emocionada.

Un día Emily llegó con una gran caja de plástico que tenía una puerta en el frente y dijo que se trataba de una jaula.

Le explicó que debía entrar a la jaula para viajar en el avión que la llevaría a su hogar definitivo.

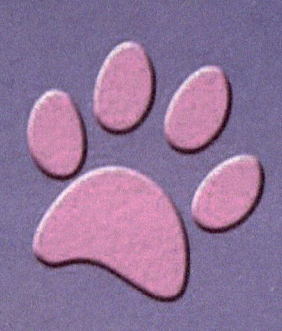

Nellie se sentía muy nerviosa.
Nunca antes había estado en
un espacio tan pequeño.

"¿Qué hago? ¿Qué hago?
¡Todo es nuevo y tan raro!
Pero cada día tengo que intentar
ser valiente.
¡Y las cosas van a resultar!"

Nellie entró a la jaula...
¿Y sabes qué? ¡Le encantó!
¡Le gustó tanto que todas las noches dormía ahí!
Lo que al inicio parecía aterrador se convirtió en algo divertido porque era lo suficientemente valiente para probar cosas nuevas.

Finalmente llegó el día en que Emily, Bryce y Nellie tenían que dejar la isla para ir a sus nuevos hogares.
Se levantaron temprano para despedirse con mucho pesar de sus amigos Buddy y Poco. Después se subieron al auto que los llevaría al aeropuerto.

Para Nellie, el aeropuerto resultó especialmente nuevo y aterrador. Había gente yendo en todas las direcciones, hacían muchos anuncios ruidosos por el altavoz y había unos carritos que constantemente pitaban y zumbaban por doquier.

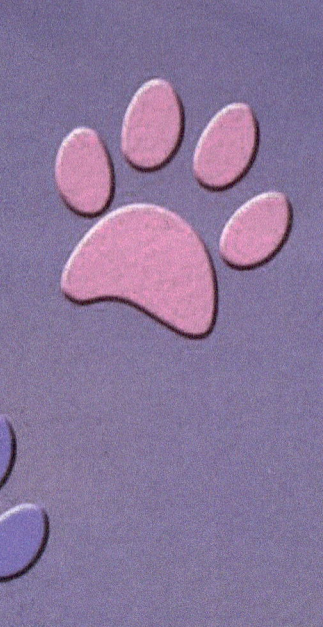

Nellie pensó:

"¿Qué hago? ¿Qué hago?
¡Todo es nuevo y tan raro!
Pero cada día tengo que intentar
ser valiente.
¡Y las cosas van a resultar!"

Emily ayudó a Nellie a entrar a la jaula para volar hacia su nuevo hogar.

Pusieron la jaula en una banda transportadora que la condujo hacia el avión.

Nellie esperó y de repente el avión se empezó a mover. Al principio se movía muy lento y luego iba más y más rápido hasta que se sentía que iban en el aire. Finalmente, Nellie se acurrucó y se puso a dormir.

Cuando bajó del avión, Emily y Bryce la estaban esperando.

Subieron juntos a un auto y emprendieron el largo viaje hacia el hogar definitivo de Nellie.

¡Todo era tan distinto de su vida en la playa! No había arena, sino que había césped por todas partes.

Las carreteras parecían interminables y por todas partes había autos y más autos.

Durante el largo viaje, Emily y Bryce le contaron a Nellie sobre su nueva familia: Katie y Andrew...

su gato Mittens y su perro, Petey. Nellie se sentía ansiosa por conocer a todos los miembros de la familia. No estaba muy segura de querer vivir con un gato.

Durante el largo viaje, Nellie se decía a sí misma:

"¿Qué hago? ¿Qué hago? ¡Todo es nuevo y tan raro! Pero cada día tengo que intentar ser valiente. ¡Y las cosas van a resultar!"

Apenas llegaron, Nellie se enamoró inmediatamente de su nueva familia y de su hogar para toda la vida... ¡Incluyendo al gato Mittens!

Fue triste despedirse de Emily y Bryce pero sabía que los vería de nuevo.

Aunque Nellie extraña a sus amigos, está muy, muy feliz en su hogar para toda la vida.

Así que cuando debas enfrentarte
a algo nuevo y aterrador,
acuérdate de Nellie y piensa:

"¿Qué hago? ¿Qué hago?
¡Todo es nuevo y tan raro!
Pero cada día tengo que intentar
ser valiente.
¡Y las cosas van a resultar!"

Espero que hayas disfrutado la historia sobre Nellie, la perrita de la playa. Está basada en hechos de la vida real que ocurrieron en los dos años en que mi esposo y yo vivimos en Cabarete, en la República Dominicana.

Parte de las ganancias de este libro se destinará a ayudar a los perros callejeros de la costa norte de la República Dominicana.
Si quieres contactarme, puedes escribir a:
sharalynlovesanimals@gmail.com

Nellie durmiendo en una cama.

Nellie llegando a Estados Unidos.

Sharalyn y Nellie en Maine.

Petey esperando a Nellie.

Nellie vivió su primer invierno con frío y nieve en Michigan, junto a su familia. Al verano siguiente se mudaron a Arizona. Nellie ahora pasa sus días disfrutando del caliente sol de Arizona y del cariño de su familia definitiva.

Quiero reconocer con gran aprecio a todas las personas y mascotas que me ayudaron y apoyaron incondicionalmente para crear este libro:

Louise Poppema, mi comunicadora con mascotas, cuyo conocimiento de las mentes de los perros de la playa resultó muy valioso a lo largo de la transición de Nellie.

Judy Liggio, presidenta de la Asociación de Animales de Sosúa, Inc., por orientarnos durante el proceso de transportar un perro desde la República Dominicana a los Estados Unidos.

Toril Brooker-Fisher, quien me presentó a la familia definitiva de Nellie.

La familia definitiva de Nellie, Sherry Jensen y sus hijos Megan y Matt Denkart, que abrieron su corazón y las puertas de su hogar a Nellie y facilitaron su transición de la vida en la playa a la vida con una familia.

Petey, el amado perro que Sherry adoptó, cuya aceptación de Nellie hizo que esta historia fuera posible.

Kingston el gato, quien aceptó a otro perro en su territorio.

Tom y Char Dickens y Sarah Winslow, quienes me animaron a contar esta historia.

Kathy Brodsky, una reconocida autora de libros infantiles, cuyo apoyo y aliento me orientaron durante el proceso de publicación.

La experta editora de La valiente Nellie, Julie Stephano, y al talentoso ilustrador Lucas Richards.

Elise Galgano, quien tomó unas maravillosas fotos para las biografías.

Mi esposo, David, quien me apoyó durante la transición de Nellie y mientras escribía este libro.

Sharalyn creció en Hallowell, Maine, y desde muy temprana edad se contagió de la fiebre de viajar. Aunque le gustaba viajar en su juventud, fue su matrimonio con David, cuyo trabajo le obliga a salir frecuentemente del país, lo que hizo que los viajes se convirtieran en una parte fundamental de su vida.

A lo largo de los años, Sharalyn ha disfrutado de la escritura a través de su diario y, más recientemente, un blog. Sin embargo, sólo sintió que de verdad tenía algo qué compartir en el momento en que Nellie entró a su vida.

Puedes seguir a Sharalyn en su página web, www.sharalynlovesanimals.com. Cuando no están viajando, ella y su esposo viven en Maine.

Lucas creció en Cape Elizabeth, Maine. Sus dotes artísticas se manifestaron precozmente. En casa de sus padres era común verlo pintando sobre cualquier superficie que estuviera a su alcance.

Hace poco obtuvo su diploma en Nuevos Medios y Arte de Estudio de la Universidad de Maine. Sus estudios y pasión por los viajes le han permitido visitar algunos de los mejores museos de arte del mundo, experiencias que influyen en su estilo en la actualidad.

Puedes seguir a Lucas en su página web, www.lucas-richards.com.

www.ingramcontent.com/pod-product-compliance
Lightning Source LLC
Chambersburg PA
CBHW061815290426
44110CB00026B/2882